페이퍼 커팅 아트

피어나다

세 번 째

최향미

페이퍼 커팅 아트

피어나다

세 번 째

최향미

종이에 온기를 불어넣어주세요

어느새 또 계절이 바뀌어 잊고 지내던 찬바람 냄새가 나기도 하고 풍경 색이 다르게 보이기도 합니다. 이런 날들과 어울렸으면 하는 마음으로 《피어나다 세번째》에는 가을과 겨울의 감성을 담아보았습니다. 연말연시 특별한 날에 떠오르는 고마운 분 께 선물하면 예쁠 그림도 잊지 않았습니다.

스트레스 받지 않는 것, 칼을 조심하는 것, 그 이상의 고급 기술은 필요치 않습니다. 그저 지금의 기억을 간직하며 종이를 오리면 겨울의 마른 풀에도 온통 화사함과 온 기가 가득할 것입니다. 칼선을 완벽하게, 작품의 완성도는 높게 하려 하기보다는, 여유롭고 편안하며 즐겁게 피워내면 좋겠습니다. 《피어나다》를 만나는 시간이 독자 분들에게 기분 좋은 순간이었으면 합니다. 고요한 지금이 행복하고 예쁜 작품의 감 동이 마음을 가득 채우는 그런 시간과 기억이 되길 진심으로 바랍니다. 다음에는 어 느 계절을 담게 될지, 혹은 어떤 특별함을 그리게 될지 아직 확실히 정하지 않았지 만 그때의 만남도 설레며 기다리고 있겠습니다.

세번째 책을 그리며 첫번째보다는 좀더 예뻐진 그림을, 두번째보다는 좀더 커진 자 신감을 얻었습니다. 하지만 제가 얻은 것 중 가장 아끼는 것은 독자분들이 해주신 감 사한 말들입니다. 참 예쁘다는 말, 좋은 취미생활이 생겼다는 말, 행복해서 감사하다 는 말 하나하나 보물처럼 마음 안에 잘 모아두겠습니다. 항상 제가 더 감사합니다.

최향미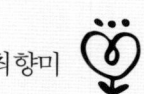

준비물

고무 매트

잡지나 신문 같은 것에 대고 자를 수도 있지만, 페이퍼 커팅 아트는 섬세한 칼질을 많이 해야 하므로 고무 매트가 꼭 필요합니다. 딱딱한 것보다 부드러운 것이 좋고 여러 차례 사용하면 칼자국이 남아 자를 때 방해가 될 수 있으니 주기적으로 교체해주는 것이 좋습니다.

칼

칼은 손에 쥐기 편한 것을 선택하면 됩니다. 문구용 칼을 사용해도 좋고 펜 모양의 아트 나이프를 사용할 수도 있습니다. 칼보다 중요한 것은 칼날의 각도입니다. 일반적인 칼날보다 날카로운 30도 칼날을 끼우면 선이 잘 보여 자르기에 수월합니다.

마스킹 테이프

섬세하게 오린 부분은 고무 매트와 바닥 사이에 끼거나 손에 밀려 찢길 위험이 높습니다. 이런 부분에 접착력이 약한 마스킹 테이프를 붙여두면 오리는 도중 찢기는 일이 줄어듭니다. 마스킹 테이프는 그림을 다 오린 후 떼어내면 됩니다.

1. 마음에 드는 그림을 골라 책에서 잘라냅니다. 이때 매트를 그림 아래에 대고 자르면 수월해요. 이번 책은 겨울을 준비하는 마음으로
   그렸으니 저는 51쪽 그림을 오려볼게요.

2. 매트 위에 그림을 올리고 칼을 가볍게 잡습니다. 손에 힘을 너무 주고 꾹 눌러 오리면 매트도 함께 잘려서 손이 금세 아파요.
   Tip. 칼날은 약간만 빼서 쓰는 게 안전하고 다루기 편하니 길게 빼지 마세요.

3. 작은 면을 먼저, 큰 면을 나중에 자르세요. 큰 면을 먼저 자르면 얇은 부분만 남아서 완성하기 전에 쉽게 찢길 수 있어요.

4. 꽃술이나 민들레 홀씨가 쉽게 끊긴다면 Ⓐ를 먼저 오리고, Ⓑ를 나중에 오리면 됩니다. 둥근 부분(Ⓐ)은 편한 방향으로 종이를 돌려
   가면서 오려야 하는데 Ⓑ를 먼저 자르면 지탱하는 힘이 약해서 끊어지기 쉬워요.

5. 안쪽을 모두 오려냈으면 그림 테두리를 따라 그리듯 오리세요. 테두리만 오리고 바로 떼어낼 수도 있지만, 섬세한 그림은 찢길 수 있
   으므로 여러 군데 칼집을 내서 떼어내면 안전해요.

6. 다 오려낸 종이를 뒤집으면 완성입니다. 액자에 넣거나 매달아서 방을 꾸미거나 고마운 사람에게 선물하세요.

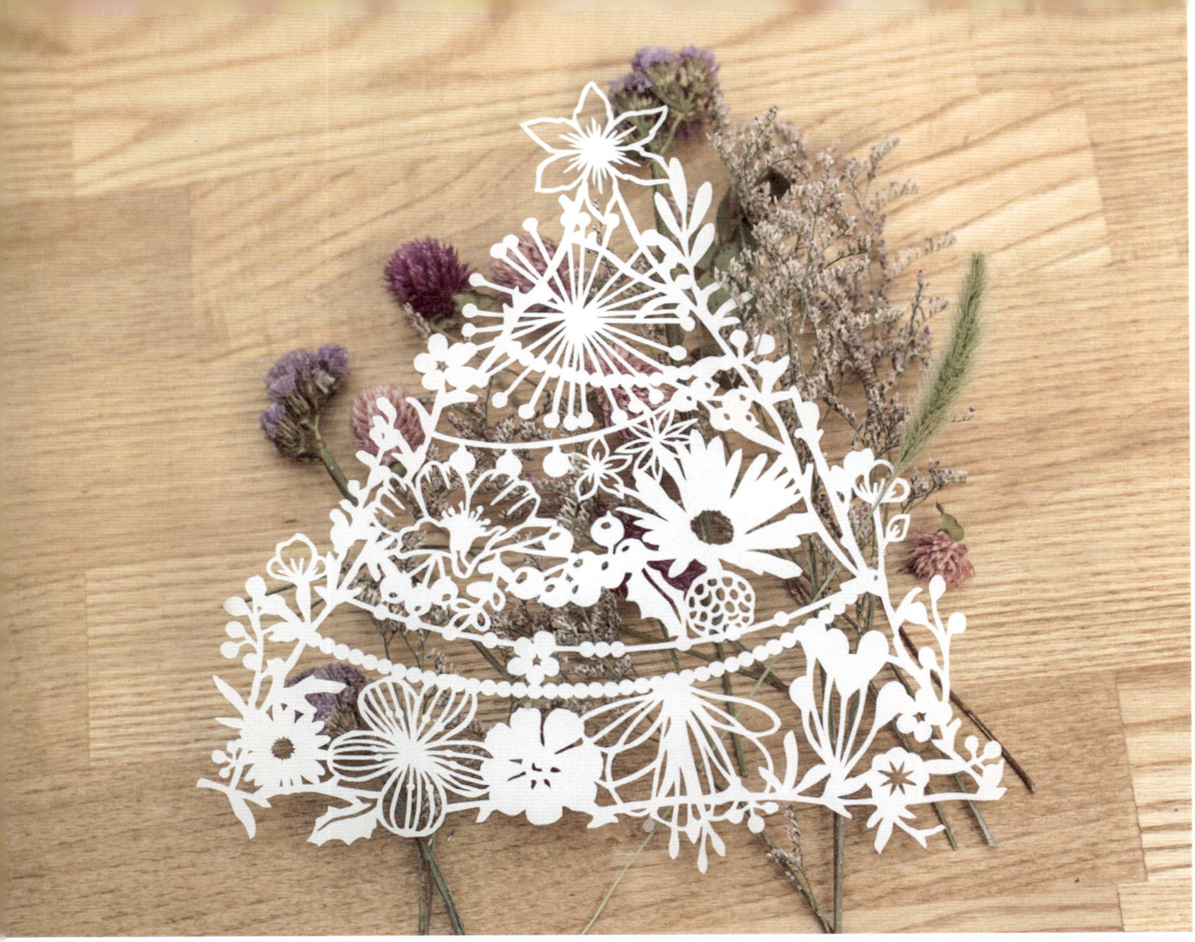

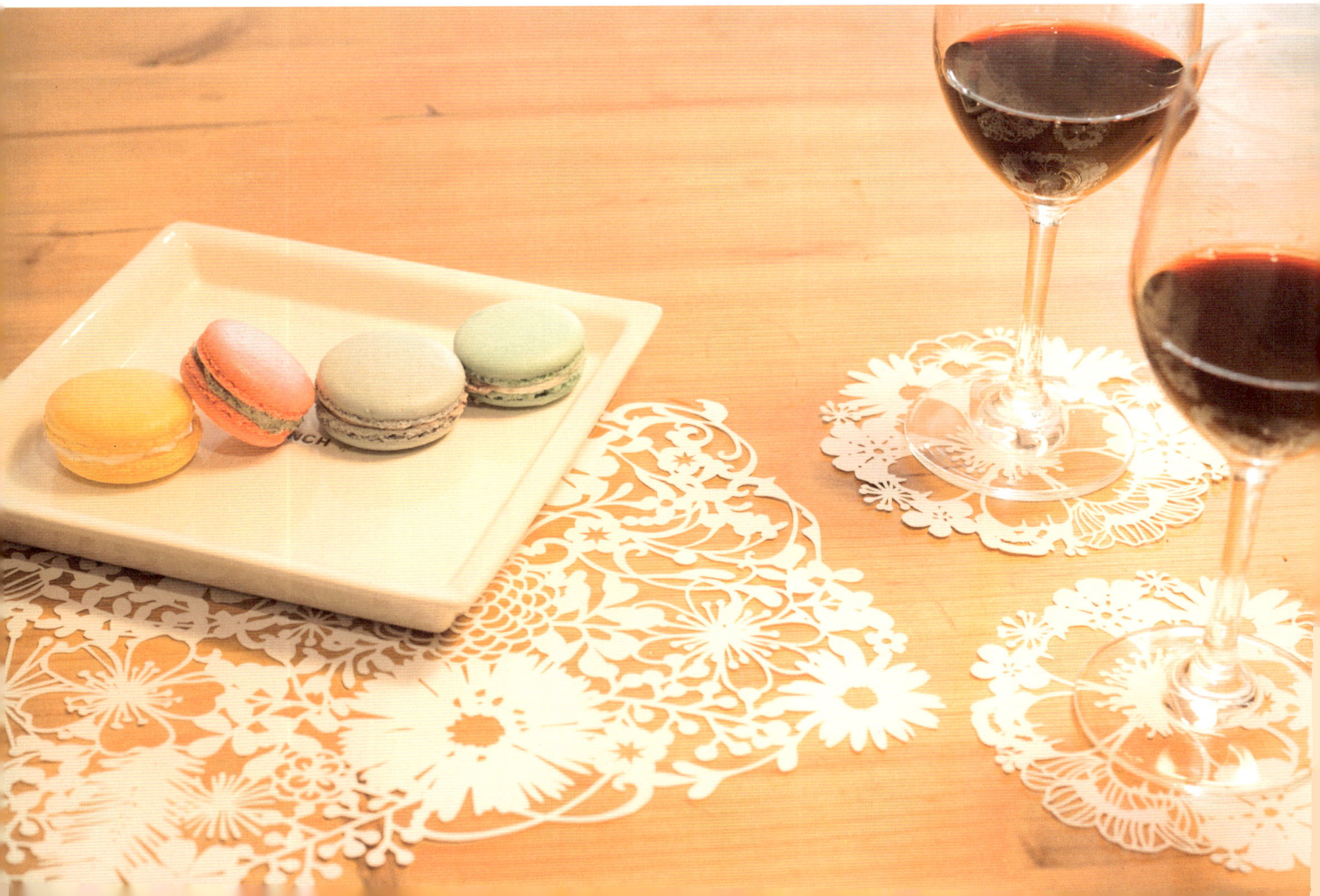

일러두기

각 도안은 반전되어 있어서 모두 자른 후에 뒤집으면 완성입니다.
완성된 모습은 121쪽에서 확인할 수 있습니다.

이 뒷면에 풀을 바르세요

이 뒷면에 풀을 바르세요

* 한용운 〈알 수 없어요〉

안으로 접으세요

이 뒷면에 풀을 바르세요

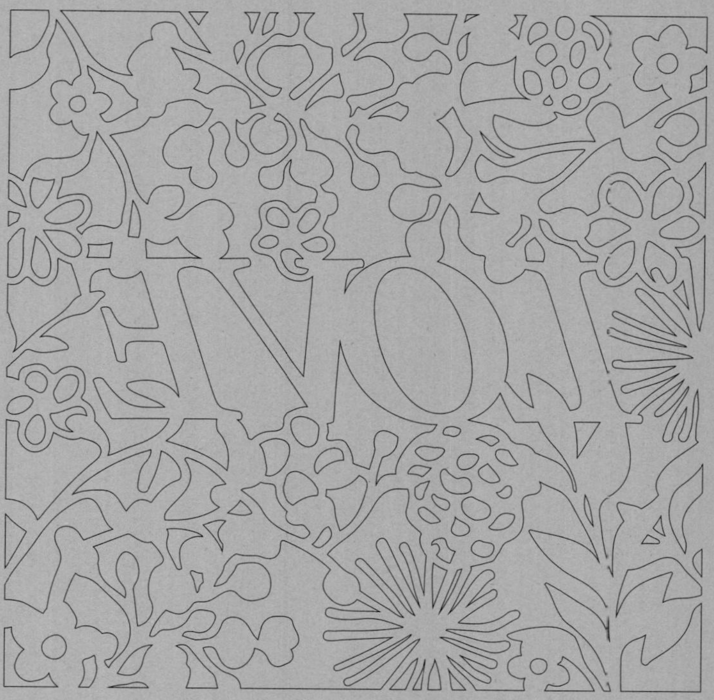

안으로 접으세요

이 뒷면에 풀을 바르세요

17쪽

19쪽

21쪽

23쪽

25쪽

27쪽

29쪽

31쪽

33쪽

35쪽

37쪽

39쪽

41쪽

43쪽

45쪽

47쪽

49쪽

51쪽

53쪽

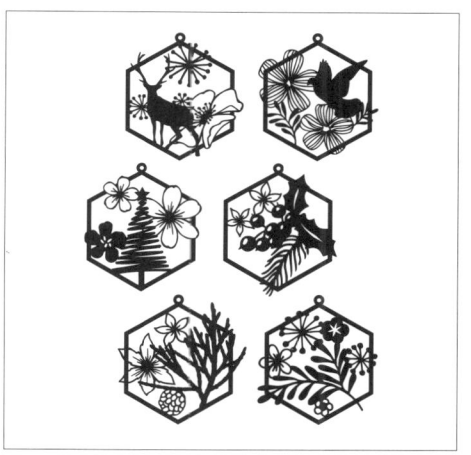

55쪽

57쪽

59쪽

61쪽

63쪽

65쪽

67쪽

69쪽

71쪽

73쪽

75쪽

77쪽

79쪽

81쪽

83쪽

85쪽

87쪽

89쪽

91쪽

93쪽

95쪽

97쪽

99쪽

101쪽

103쪽

105쪽

107쪽

109쪽

111쪽

113쪽

115쪽

117쪽

119쪽

최향미 http://nangmaner.net

페이퍼 커팅 아티스트.
산업디자인을 전공했으며, 졸업 후 본격적으로 작품 활동을 시작하였습니다.
LG생활건강 수려한과 아트 컬래버레이션 패키지를 발매했고,
〈싱글즈 웨딩〉〈라이프 스타일 매거진 메종〉의 화보 촬영에 참여했으며,
SBS 신년 채널 광고와 현대카드 패션위크 온라인 광고에도 작품을 선보였습니다.
2015년에는 국내 최초로 책을 오려 작품을 만드는《페이퍼 커팅 아트 피어나다》를 출간하여
많은 독자에게 사랑을 받으면서 페이퍼 커팅 아트라는 장르를 하나의 취미로 자리 잡게 했고,
2016년《페이퍼 커팅 아트 피어나다 두번째》를 출간하여 그 인기를 이어갔습니다.
낭만적인 시간을 살고 싶고, 그렇게 살면서 만든 작품이 많은 사람을 행복하게 해주기를 바랍니다.

페이퍼 커팅 아트
피어나다 세번째

1판1쇄 펴냄 2016년 10월 10일
1판10쇄 펴냄 2022년 12월 15일

지은이 최향미
펴낸이 김경태 | **편집** 홍경화 성준근 남슬기 한홍비
디자인 박정영 김재현 | **마케팅** 전민영 유진선 | **경영관리** 곽근호 | **사진** 한승일

펴낸곳 (주)출판사 클
출판등록 2012년 1월 5일 제311-2012-02호
주소 03385 서울시 은평구 연서로26길 25-6
전화 070-4176-4680 | 팩스 02-354-4680 | 이메일 bookkl@bookkl.com

ISBN 979-11-85502-48-9 13630

이 도서의 국립중앙도서관 출판예정도서목록(CIP)은 서지정보유통지원시스템 홈페이지(http://seoji.nl.go.kr)와
국가자료공동목록시스템(http://www.nl.go.kr/kolisnet)에서 이용하실 수 있습니다.(CIP제어번호: CIP2016022679)